ANSIEDADE

DE INIMIGA A ALIADA

COMO ELA PODE TE IMPULSIONAR

MARCO SAN PAOLO

Registrado na Câmara Brasileira do Livro
ISBN nº 978-65-00-94156-2
Título: Ansiedade, de Inimiga a Aliada. Como Ela Pode Te Impulsionar.

Formato: Livro Digital - Auto-ajuda, Sucesso, Motivação.
Ano de Publicação: 2024
São Paulo - SP - Brasil

Autor: Marco San Paolo
salasp.br@gmail.com

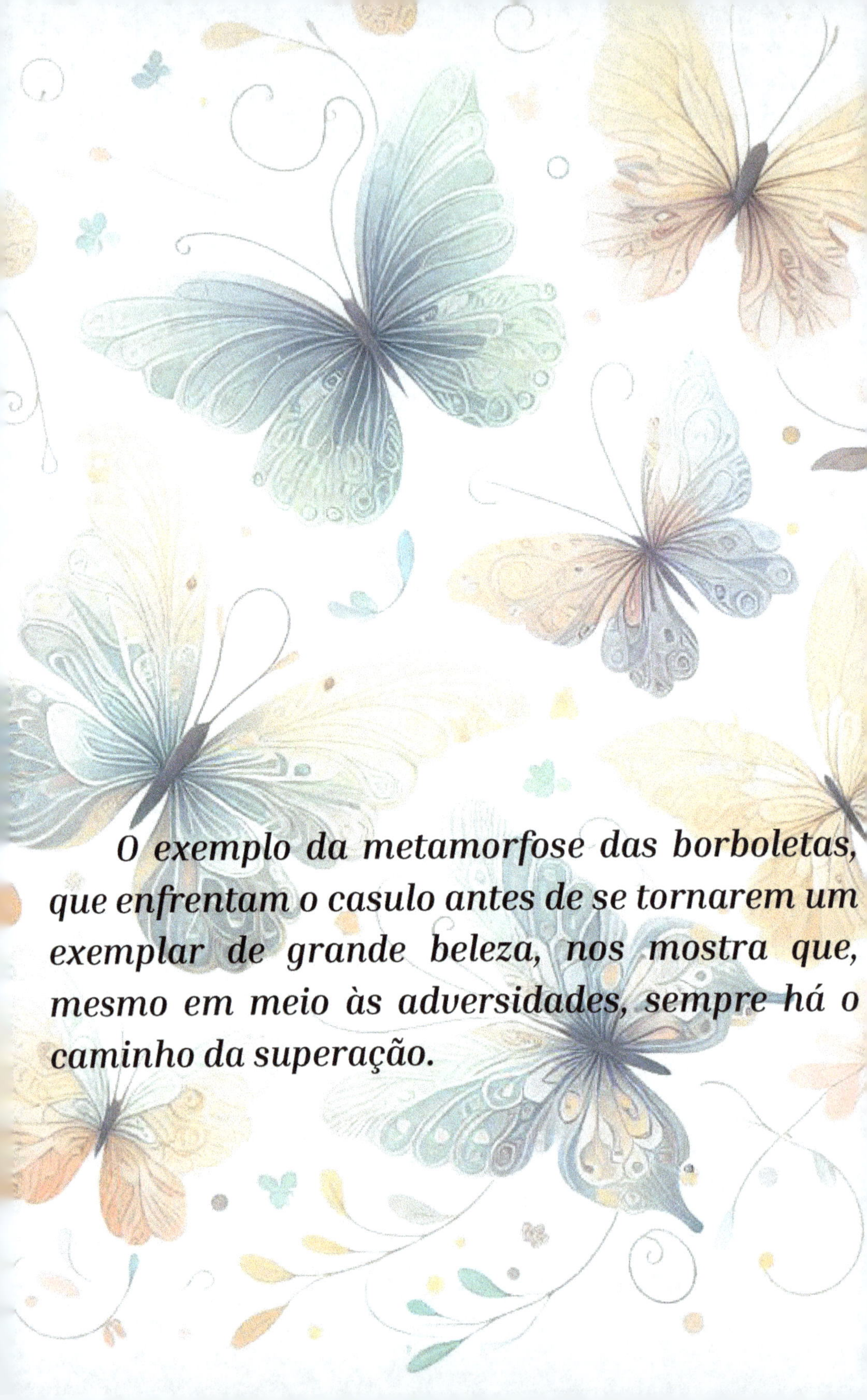

O exemplo da metamorfose das borboletas, que enfrentam o casulo antes de se tornarem um exemplar de grande beleza, nos mostra que, mesmo em meio às adversidades, sempre há o caminho da superação.

Nasci na cidade de São Paulo em 1961, sou casado e pai de dois filhos. Tive parte de minha vida marcada por desafios e, como muitos de nós, não escapei das armadilhas da ansiedade. Enfrentei situações de muita pressão e estresse em minha vida pessoal e empresarial.

Essas experiências me levaram a vivenciar a ansiedade em sua forma mais intensa, com sintomas físicos e emocionais que afetavam a minha qualidade de vida.

Por incentivo de minha esposa, companheira fiel e presente em todas as situações, mergulhei na compreensão dessa emoção humana e comecei a explorar todos os meios para reverter aquele quadro. Foi quando tive o primeiro contato com as técnicas de Mindfulness e de Autodescoberta.

Após praticar alguns dos exercícios propostos por essas técnicas, passei a me dedicar mais no planejamento de metas e a canalizar a ansiedade de forma positiva, para ajudar em minha nova jornada.

Consegui superar vários desafios, utilizando os sintomas da ansiedade como força de vontade e disposição, me tornando em uma referência no assunto junto a familiares e amigos mais próximos.

Esses foram os motivos que me levaram a escrever este livro. E também, para compartilhar as técnicas que me ajudaram a trasnformar a ansiedade em uma aliada para alcançar o sucesso e viver uma vida plena e significativa.

Você já parou um instante para pensar que a ansiedade pode ser uma força transformadora em sua vida?

Caro leitor, cara leitora.

Bem-vindos a uma jornada extraordinária!

Este livro é um convite para uma transformação pessoal profunda.

Aqui, vamos encarar a ansiedade como uma amiga sábia que veio para nos ensinar lições valiosas sobre nós mesmos.

A intenção não é apenas ajudar a entender a ansiedade, mas também a abraçá-la como uma aliada em vossa caminhada pela vida.

A ansiedade pode ser um motor para a evolução, uma ferramenta para enfrentar medos e uma transformadora de desafios em oportunidades.

Neste livro, vocês encontrarão orientação, inspiração e, acima de tudo, a certeza de que a ansiedade pode ser vossa aliada na busca por uma vida mais plena e satisfatória.

Acreditem em vocês mesmos, pois a jornada começa agora!

Com gratidão,
Marco San Paolo

Você é o que você pensa.

Ao decidir ler este livro, você deu o primeiro passo em direção à transformação.

Juntos, vamos tornar a ansiedade em uma aliada poderosa que vai te ajudar em sua jornada de crescimento e autodescoberta.

Mas antes, vamos esclarecer alguns pontos.

Qual é o significado dessa sensação definida por ansiedade?

Ela é uma resposta natural do corpo humano a situações de estresse, perigo ou incerteza.
Uma emoção que envolve preocupação, nervosismo, apreensão e medo em relação a eventos futuros ou situações desconhecidas.

Embora seja normal sentir ansiedade ocasionalmente, temos que tratá-la com maior atenção quando ela se torna excessiva, persistente e acaba interferindo em nossas atividades do dia a dia.

Veja alguns sinônimos que podem definir as sensações causadas pela Ansiedade:

- Preocupação
- Nervosismo
- Inquietação
- Agitação
- Tensão
- Angústia
- Apreensão
- Medo
- Desassossego
- Estresse

A Ansiedade não se manifesta da mesma maneira de pessoa para pessoa.

Em casos mais intensos, ela pode causar sintomas como palpitações, sudorese, tremores e dificuldade para respirar, entre outros.

Esses sintomas indicam cautela. Uma boa atitude é consultar um especialista da área para que se tenha um diagnóstico profissional e também a definição do melhor tratamento.

Vamos em frente!

Você já se sentiu ansioso, ansiosa, antes de uma apresentação em público?
Ou talvez antes de um exame médico, uma entrevista de emprego ou um encontro social importante?

Você não está sozinho, sozinha. A ansiedade é uma emoção que afeta milhões de pessoas ao redor do mundo.

A boa notícia é que a ansiedade não precisa ser sua inimiga. Quando compreendida e controlada, ela pode ser uma força poderosa para o sucesso.

E é exatamente isso que faremos aqui:
Ajudar você a transformar a Ansiedade em Sua Aliada.

Juntos, vamos entender os diferentes tipos de ansiedade, aprender a identificar seus gatilhos e desenvolver as estratégias que a manterão sob nosso total controle.

Memorize isso: o poder de transformar a ansiedade em sua aliada está em suas mãos. Com o conhecimento e as estratégias corretas, você estará no controle.

A mudança começa com o primeiro passo.

Capítulo 1

Compreendendo a Ansiedade

Todos nós, seres humanos, sentimos os efeitos da ansiedade.

Aquela sensação de medo e apreensão que antecipam algumas situações é uma reação normal.

Junto, o aumento da frequência cardíaca, a respiração mais rápida e aquele suor nas mãos terminam por caracterizar esse sentimento.

A ansiedade pode nos proteger de várias situações que nos colocariam em perigo.

Cientificamente falando, a ansiedade é ativada quando o nosso sistema nervoso central recebe um sinal, também chamado de estímulo, que chega como se fosse uma ameaça.

Esse estímulo pode ser real, por uma situação estressante que se está vivendo, ou irreal, fruto de nossa imaginação.

A ansiedade também pode ser causada por outros fatores

Alterações genéticas no sistema nervoso central, como o aumento da atividade do sistema límbico, pode ser um deles. Esse sistema é o responsável pelas nossas emoções e pode ser um fator de predisposição à ansiedade.

A frequência de pensamentos negativos e experiências traumáticas também são responsáveis.

O estresse causado por conflitos no ambiente familiar, social ou de trabalho também são causadores da ansiedade.

Sintomas mais comuns da ansiedade

Esses sintomas variam de pessoa para pessoa. Algumas podem ter todos eles, outras alguns apenas.

Podemos sentir náuseas, dores de estômago, falta de ar, tremores pelo corpo, aumento da frequência cardíaca, suor excessivo e até diarreia.

Medo de enfrentar um desafio ou de perder o controle, preocupações em exagero, concentração difícil e pensamentos ruins ou negativos.

O corpo treme todo, as palavras não saem frente a uma situação supostamente de ameaça.

Pode ser em uma entrevista de emprego, em uma apresentação profissional, ou qualquer outra em que somos colocados em evidência.

O que acontece em nosso corpo

Desde os primórdios da raça humana, por questões de sobrevivência, quando era necessário o enfrentamento de uma situação de perigo, os hormônios do estresse entravam em ação, aumentando a frequência cardíaca e respiratória, preparando o corpo para a ação, efeitos causados pela liberação da adrenalina no sistema sanguíneo, comandada pelo cérebro.

É o "hormônio da luta, ou da fuga", como é conhecida a adrenalina, preparando o corpo para uma reação rápida.

Como já dito, esse processo é natural, porém, se a ansiedade for frequente ou excessiva, pode ativar esse processo muitas vezes, levando a sintomas desconfortáveis e debilitantes.

O primeiro passo para gerenciar a ansiedade é prestar atenção às reações do nosso corpo frente às diversas situações do dia a dia.

Compreendendo como e quando essas reações acontecem nos ajudará a controlar a ansiedade e a começar o processo de transformá-la em nossa aliada.

O impacto da ansiedade em nosso dia a dia

Nos casos mais graves, a ansiedade pode desenvolver uma condição mental, causadora de sofrimento por medo ou preocupações constantes e persistentes. Isso é chamado de Transtorno de Ansiedade Generalizada (TAG).

Ocorrem outros tipos, como:

Transtorno de Pânico, com ataques repentinos, sem um motivo aparente;

Fobia Social, que afasta a pessoa da convivência social por um medo inexplicável;

Transtorno de Estresse Pós Traumático (TEPT), que é o medo constante e intenso de casos traumáticos ocorridos nos passado.

Em qualquer dos casos, a ajuda profissional se faz necessária, para se entender e identificar as verdadeiras causas da ansiedade e definir as melhores estratégias para enfrentá-la.

Mesmo podendo desenvolver esses tipos de transtornos e fobias, a ansiedade leve ou moderada é uma emoção normal que pode ser útil para nos proteger de situações adversas ou perigosas.

Capítulo 2
Minha Própria Jornada

Acredito ser importante dividir aqui uma etapa de minha vida, muito pessoal e íntima:

Quando fui "engolido" pela ansiedade.

No início de 2003, minha vida se tornou num vendaval de emoções e desafios.

Vivia um grande conflito com parentes muito próximos, meus sócios em uma empresa que construímos juntos.

A confiança que eu depositava na sociedade estava muito abalada.

As atitudes dos meus sócios já não me deixavam mais acreditar que levariam a empresa ao seu melhor, inclusive, podendo colocar minha própria família em risco.

Aquela empresa era o único meio de sustento que tínhamos. Imaginar a possibilidade de perdê-la, me causava constantes e sucessivas sensações de preocupação, medo, angústia, tensão, apreensão, taquicardia e crises de hipertensão.

Foi aí que a ansiedade encontrou a porta perfeita para entrar em minha vida de forma esmagadora.

Era como um monstro pronto a me atacar a qualquer momento, sempre ali, colado de mim.

Os sintomas físicos da ansiedade se intensificavam cada vez mais.

As noites eram muito difíceis. Deitava na cama e nada de conseguir dormir.
O coração disparava de tal maneira que parecia querer saltar do peito. Eu tremia inteiro e suava muito.
Uma fraqueza física tomava conta de todo o meu corpo.

A cada noite, era como se eu estivesse enfrentando minha última.
Eu tinha certeza de que meu coração não aguentaria e que estaria à beira de um infarto.

Meus filhos ainda eram pequenos e não compreendiam muito bem o que estava acontecendo.
Tentávamos esconder o máximo das preocupações e problemas, mas era inevitável que percebessem que algo estava errado.

Minha sorte foi ter uma companheira muito forte e fiel. Minha esposa sempre ali comigo, cuidando de mim com gestos e palavras de força e esperança, se esforçando muito para esconder sua angústia e preocupação.

Temendo o pior, ela me amparava e me conduzia até o carro, rumo ao hospital mais próximo, às pressas.

Isso acontecia de três a quatro vezes por semana. Foram dias terríveis que pareciam não ter fim.

A ansiedade havia se tornado parte de mim, me dizendo que nunca mais me abandonaria.

Apesar de quase ter sido destruído pela ansiedade, essa experiência marcou o início de uma transformação profunda em mim.

Depois de tanto sofrimento, finalmente decidi atender aos apelos de minha esposa e buscar ajuda para superar esse obstáculo em minha vida. Foi quando tive contato com várias experiências e técnicas de enfrentamento e controle.

A parir dessa iniciativa, descobri uma força interna muito grande para enfrentar tudo e tornar a ansiedade, que foi minha inimiga por longo tempo, em uma poderosa aliada.

Ela passou a me ajudar no enfrentamento dos desafios do dia a dia, me tornando um homem mais seguro e disposto, me levando de volta à alegria de viver e à felicidade.

Minha esposa e meus filhos mereciam isso de mim.

Adiante, a “virada de chave”

Capítulo 3

Aceitando a Ansiedade

A Importância da aceitação

Como parar de lutar contra a ansiedade

Quando você começar a aceitar os seus pensamentos ansiosos a grande revolução acontece!

Vamos começar a explorar o *Poder Transformador da Aceitação.*

O enfrentamento da ansiedade de maneira intensa, como se você quisesse extermina-la, é uma missão exaustiva e não te levará ao resultado desejado. Ao contrário, servirá de alimento pra ela.

Um exemplo perfeito para retratar as idas e vindas da ansiedade são as ondas do mar.

Ela vem ... Ela vai ... Vem ... e Vai ...

Em algumas vezes, tão suave que nem percebemos. Em outras, tão forte que chega a nos derrubar.

Tentar parar essa onda seria inútil. Ela costuma ser bem mais forte do que nós.

E se surfarmos essa onda? E se deixarmos ela nos levar?

Deixemos que a ansiedade flua. Que ela esteja junto de nós, sem que queiramos acabar com ela de uma só vez.

Não que devamos assumi-la como parte de nós, mas sim, deixá-la ali, seguindo o seu curso.

Lembre-se que a ansiedade está presente na vida de todas as pessoas. É um sentimento natural.

Aceite a ansiedade. Você terá benefícios que nunca imaginou que poderia ter.

A tensão, causada pela luta constante contra ela, vai reduzir, deixando você sem aquela sensação constante de tentar controlar o incontrolável.

Você vai começar a prestar mais atenção aos seus sentimentos, reconhecendo-os sem julgá-los.

A ansiedade será percebida como deve ser: um sentimento natural que aparece em qualquer situação desafiadora.

O sofrimento emocional que sente vai reduzir, pois, você deixará de se autocriticar e de se culpar pelo que está sentindo.

Sua resiliência será fortalecida, ajudando no enfrentamento das situações estressantes de maneira eficiente, sem medo ou insegurança.

Permitindo-se conviver com a ansiedade, você terá mais clareza nas tomadas de decisões, pois, não terá a influência dos pensamentos negativos que possam estar presentes.

Exemplo prático

Imagine que você está se preparando para uma apresentação em público, seja no trabalho ou em qualquer outro evento. A ansiedade vem, claro, e você fica tentando afastá-la.

Se ao invés disso você aceitá-la como um alerta para rever as anotações de sua apresentação, você poderá concentrar forças para um aprimoramento, reduzindo a tensão e resultando em um desempenho melhor.

Lidando com a ansiedade, aceitando sua presença em todo novo desafio, você começará a entender os motivos dela aparecer nessas situações. Essa clareza ajudará você a desenvolver estratégias de controle cada vez mais eficientes, aperfeiçoando o autoconhecimento.

Você deixará de sofrer com as preocupações do dia a dia e as enfrentará com maior naturalidade, aumentando sua capacidade de seguir em frente.

Aceitar a ansiedade, deixando de lutar contra ela, não significa não estar no controle. Ao contrário, você terá o real controle de suas emoções e sentimentos. Passará a observá-los de forma consciente, realista. Isso lhe dará liberdade de escolha das melhores respostas em cada uma das situações.

Abrace a ideia de aceitar a ansiedade. Você descobrirá que ela poderá sim ser uma aliada poderosa.

Capítulo 4

Reconhecendo e Validando os Sentimentos de Ansiedade

Essa parte é fundamental para que possamos aprender a conviver e a lidar com a ansiedade.

Reconhecer a sua presença e aceitar os seus sintomas como verdadeiros e válidos, nos ajudará a desenvolver o autocontrole e a obter os benefícios que ela pode nos trazer.

A ansiedade não é um sinal de fraqueza, e sim, um sentimento natural que todos nós experimentamos.

Reconhecer a ansiedade significa prestar atenção aos sintomas que ela apresenta. Aquele sentimento de coração acelerado, tensão muscular, preocupações exageradas, pensamentos negativos e todos os demais que a ansiedade pode causar devem ser reconhecidos e aceitos, sem julgamento.

Reflita sobre o que faz você sentir ansiedade. Quais os gatilhos que disparam as sensações que você sente?

Seria uma situação específica? Uma pessoa? Um sentimento?

Escreva em um “Diário de Emoções”. Anote o que, e por qual motivo, está sentindo ansiedade naquele momento. Essa prática vai auxiliar você a ter maior compreensão e clareza sobre esses sentimentos e emoções.

É normal, no início, ter alguma dificuldade para identificar seus sentimentos. Nesse caso, você pode pedir ajuda a alguém que confie. Converse com essa pessoa sobre o que está sentindo.

Seja você a pessoa que melhor lhe apoia. Não se critique. Todo esse processo trata do seu crescimento pessoal, ajudando você a desenvolver sua habilidade de conviver com a ansiedade e a tirar dela bons ensinamentos.

Acredite! Você pode transformar o que parece negativo em positivo na sua vida.

Capítulo 5

Canalizando a Ansiedade de Forma Positiva

Vamos mergulhar na transformação dos sintomas da ansiedade. Vou te mostrar as formas de canalizar todos eles em Energia Construtiva para o seu crescimento, pessoal e profissional.

Cada um dos sintomas da ansiedade é uma força disfarçada que pode te impulsionar.

Transformando sintomas de ansiedade em Energia Construtiva

Assim que você perceber que os sintomas da ansiedade estão surgindo, reconheça-os de imediato.

Respire Calmamente.

Estando os sintomas identificados, pare o que esteja fazendo. Respire profundamente, prestando atenção à respiração apenas. Acredite firmemente que fazendo isso você vai acalmar sua mente e seu corpo, transformando a sensação ruim em foco e clareza de pensamentos.

Redirecione seus Pensamentos

Agora é hora de focar na direção correta. Transforme os pensamentos negativos em pensamentos de crescimento e positivismo. Como neste exemplo:

“Você está sentindo uma preocupação negativa com uma entrevista de emprego, prestes a ser realizada. Sente que poderá não ter o comportamento necessário para conseguir a vaga. Está com medo do possível resultado negativo.
O que fazer?

Para se acalmar e reverter essa situação respire fundo, lentamente. Visualize você sorrindo durante a entrevista, sentindo a satisfação em estar interagindo positivamente com a pessoa que está fazendo a entrevista. Veja você apertando a mão daquela pessoa e se despedindo com um ar de felicidade.”

Acredite! Você pode e consegue mudar seus pensamentos.

Lembre-se sempre: Você é o que você pensa.

Tome atitudes em seu favor

Se estiver sentindo inquietação, vá caminhar por alguns minutos de forma enérgica. Se estiver sentindo ansiedade prestes a realizar uma tarefa, comece a fazê-la de imediato.

Agindo assim, você transformará a energia da ansiedade em produtividade.

Criatividade

A ansiedade pode ser canalizada para uma atividade criativa. Você pode pintar, desenhar, escrever um texto ou poema, ou qualquer outra atividade criativa que possa inspirar você.

Você pode transformar os sentimentos ansiosos em arte.

Aceite e celebre

Aceitando-se da forma que está e agindo para reverter tudo isso são motivos de celebração. Celebre sua força e determinação. Elas farão com que você reconheça a ansiedade e tome as atitudes necessárias para torná-la sua aliada.

Reconheça e celebre suas conquistas. Você está no caminho certo para o bem-estar emocional.

Estratégias práticas para usar a ansiedade como impulso

Veremos aqui algumas das estratégias já comentadas anteriormente, de grande importância, e outras que também podem ser ferramentas valiosas de transformação.

Encarando desafios como oportunidades

Use a energia da ansiedade a seu favor. Quando ela se manifestar, aceite suas emoções e redirecione o foco para a produtividade. Se for alguma tarefa que está lhe incomodando, aproveite para estudar mais sobre ela, planejá-la melhor. Sinta-se capaz. Você pode fazer isso.

A ansiedade ajudando no autoconhecimento

Quando a ansiedade chegar, aceite-a e concentre-se em refletir sobre o que está sentindo e por qual motivo. As emoções e sentimentos presentes fazem jus ao momento, ou tratam de situações passadas ou futuras?

Essa reflexão ajudará a você perceber que pode estar sentindo ansiedade por algo que não tem controle. O passado não se pode mudar e o futuro não chegou ainda.

Utilize o momento presente para compreender que é você que está no controle dos seus pensamentos. Se conhecendo melhor, você terá melhores condições de controlar a ansiedade e torná-la uma força motriz potente a seu favor.

A importância do apoio social

Busque a palavra de familiares, amigos ou de um terapeuta de sua confiança. Faça isso. Compartilhando suas emoções e sentimentos ansiosos pode lhe trazer tranquilidade, aliviando o peso característico desses momentos, e fortalecendo os laços de convivência e amizade. Acredite na importância e benefício desse apoio emocional.

Praticando gratidão

A gratidão é poderosa na transformação de pensamentos negativos em positivos. Nos momentos de ansiedade, foque sua atenção em agradecer por todas as coisas boas que cercam sua vida. Familiares, amores, amigos, conquistas pessoais e materiais...

Em minutos, a ansiedade dará lugar ao equilíbrio emocional. Acredite nisso!

Estabilidade emocional

Com as emoções sob seu controle, você poderá utilizar a ansiedade de forma construtiva, ajudando você na adaptação e enfrentamento de desafios com mais determinação. Você ultrapassará os obstáculos que surgirem e sairá deles mais forte.

Avaliando o sentido da vida

Quais são os seus valores, paixões e objetivos de vida?
Todos fazem sentido nesse momento presente?
São eles que estão fazendo com que a ansiedade fique por perto?

Aproveite essa energia para avaliar sua rota. Reflita se não é o momento de corrigir o rumo.

A ansiedade desse momento pode lhe guiar para uma vida mais significativa, com anseios e objetivos mais profundos e realizadores.
Vamos lá! Tome a frente da construção de sua história!

A prática de exercícios físicos

Já falamos sobre canalizar a energia da ansiedade para uma caminhada. Aprofundando um pouco mais, destacamos as endorfinas que os exercícios físicos liberam em nosso organismo. Elas podem aliviar a ansiedade e trazer uma sensação de bem-estar geral.

É a ansiedade sendo usada como energia positiva, nos motivando a praticar atividades benéficas ao nosso corpo.

Busca constante por conhecimento

Desvie a atenção da ansiedade para algo novo. Aproveite essa energia para aprender coisas novas, que possam lhe trazer o senso de realização. Acredite! O aprendizado constante é uma ferramenta poderosa para o crescimento pessoal.

Acredite! Você é capaz.

O poder da transformação está em você. Utilize a energia da ansiedade como um impulso construtivo.

Capítulo 6

Técnicas de Mindfulness

(A palavra do inglês "Mindfulness" se pronuncia: "maind-fol-nés".)

Vamos juntos explorar as técnicas de Mindfulness, uma ferramenta poderosa para enfrentar a ansiedade e alcançar um estado de tranquilidade interior.

Você aprenderá não apenas o que significa, mas também como incorporá-la em sua vida para lidar com a ansiedade de maneira eficaz.

Também conhecida como *Atenção Plena*, é uma prática que nos ensina a prestar atenção ao momento presente, sem julgamentos. Essa prática pode ser muito útil para lidar com a ansiedade, pois nos ajuda a reconhecer e aceitar nossos pensamentos e sentimentos sem nos deixarmos levar por eles.

As técnicas de Mindfulness são baseadas na ideia de que, quando nos focamos no momento presente, estamos menos propensos a ficar presos em pensamentos e sentimentos negativos.

Quando estamos ansiosos, nossa mente tende a vagar para o futuro ou para o passado, criando cenários hipotéticos ou revivendo experiências negativas. Isso pode levar a um ciclo vicioso de ansiedade, pois, *quanto mais pensamos em coisas que nos deixam ansiosos, mais ansiosos nos sentimos.*

Ao utilizarmos as técnicas de Mindfulness podemos começar a perceber que nossos pensamentos e sentimentos ***são apenas pensamentos e sentimentos, e não a realidade.***

Situações nas quais o Mindfulness pode ajudar

Conexão com o presente: A ansiedade nos leva a preocupações com acontecimentos futuros ou a arrependimentos e remorsos de situações passadas. O Mindfulness nos coloca no presente, nos direcionando a lidar com o que está acontecendo agora.

Observação sem julgamento: Passamos a observar nossos pensamentos ansiosos sem julgamento ou crítica. Assim, podemos compreender com clareza o que acontece em nossas mentes.

Redução da reatividade: Com o Mindfulness, analisamos as situações com calma, chegando à melhor resposta, sem reagirmos impulsivamente.

Desenvolvimento de resiliência: Praticando o Mindfulness você desenvolverá a sua "resiliência emocional". Ela o ajudará no enfrentamento de situações estressantes com naturalidade e segurança.

Como praticar o Mindfulness

Vamos abordar algumas das técnicas mais eficientes.

Meditação

A meditação é uma das técnicas mais utilizadas de Mindfulness.

Existem muitos tipos diferentes de se meditar e todos eles focam a atenção no momento presente.

Uma dessas técnicas é a Respiração Profunda. Ela é simples, eficiente e pode ser feita a qualquer hora e em qualquer lugar.

A técnica da Respiração Profunda vai ajudar a acalmar o corpo e a mente.

Veja como você pode fazer.

Sente-se em um local tranquilo, respire profundamente de forma lenta. Mantenha a concentração no movimento do ar entrando e saindo. Sinta seu pulmão enchendo e esvaziando. Solte o ar no mesmo tempo em que o respirou.

Concentre-se em todos os movimentos que seu corpo faz para respirar. Se surgirem pensamentos ansiosos, observe-os e, sem fazer julgamentos, volte sua atenção à respiração. Continue respirando profundamente por alguns minutos, até que se acalme.

Atenção Plena nas atividades diárias

Essa técnica consiste em prestar atenção completa e intencional às atividades do dia a dia, sem julgamentos. Você pode utilizá-la para qualquer atividade, como comer, tomar banho, lavar a louça, andar, etc.

Pratique assim.

Escolha uma atividade que você faça regularmente.

Estando a sós, sem qualquer interferência, comece a realizar a atividade, prestando a máxima atenção a tudo que você esteja fazendo. Em todos os detalhes.

Não pense em nada, apenas observe as suas ações.

Para um resultado mais eficiente, comece com atividades rápidas, de execução simples.

Conforme ir desenvolvendo o controle da concentração, comece a praticar a Atenção Plena nas atividades mais longas e complexas.

É normal desviar a atenção para algum outro pensamento. Não se preocupe, apenas volte sua atenção à atividade que esteja exercendo.

A técnica da Atenção Plena pode ser exercida sempre que a ansiedade vier, em qualquer lugar que você esteja.

Um exemplo pode ser durante uma refeição. Concentre-se no sabor, na textura da comida. Sinta ela sendo mastigada, engolida. Preste atenção a todos os detalhes: mesa, talheres, pratos e utensílios, em tudo.

Outro exemplo, durante o banho. Sinta a água em todo o corpo, da cabeça aos pés. Preste atenção à temperatura da água, à sensação que a espuma lhe dá, aos movimentos dos braços lavando o corpo.

E assim com todas as outras atividades cotidianas que puder praticar a Atenção Plena.

Escaneamento Corporal

Essa técnica valiosa permite que você identifique e controle as sensações causadas pela ansiedade.

Consiste em dedicar um tempo para percorrer mentalmente o seu corpo.

Durante o processo, você deve prestar atenção em todas as sensações presentes, em cada uma das partes que você está percorrendo, seja uma sensação de desconforto ou mesmo alguma outra específica (dor, calor, formigamento, etc.).

Você pode fazer dessa forma.

Em um local sossegado, sente-se ou deite-se de maneira a estar bem confortável. Se quiser, feche os olhos para facilitar a concentração.

Para se ambientar ao momento e relaxar, respire bem fundo por algumas vezes, prestando atenção ao movimento da respiração.

Comece pelos pés. Foque total atenção nessa parte do corpo e pergunte-se, mentalmente, se há qualquer sensação.

Vá movendo sua atenção para as pernas, barriga, peito, braços, pescoço e cabeça. Preste bastante atenção a qualquer sensação que estiver ali, em cada uma das partes.

Não tente explicar cada uma delas, apenas preste atenção, aceitando todas como parte desse momento.

Agora, volte a sua atenção a cada uma das partes as quais tenha identificado alguma sensação ou desconforto.

Respirando lentamente, de forma suave, foque em cada uma delas, uma por vez.

Mentalmente, visualize essas sensações saindo do seu corpo, junto com o ar que você colocar pra fora.

Terminando todo o processo, reflita sobre como está se sentindo. Se há uma sensação de tranquilidade e relaxamento. Muitas pessoas se sentem dessa forma depois de praticar o Escaneamento Corporal.

Essa técnica de Mindfulness é importante para ajudar você a identificar as partes de seu corpo que experimentam as sensações desconfortáveis da ansiedade e a aplicar os procedimentos de relaxamento necessários para o seu alívio.

Meditação Guiada

É outra técnica de Mindfulness que ajudará você a aprofundar sua prática.

É chamada de Meditação Guiada porque precisa de um instrutor ou uma gravação que forneça as orientações para a sua prática, passo a passo, enquanto você medita.

Se você é iniciante, essa técnica vai ajudar bastante em seu aprimoramento e evolução na meditação.

As orientações recebidas durante a meditação ajudam a manter o foco, evitando distrações mentais.

Aspectos mais específicos do Mindfulness, como compaixão, gratidão, ou até alcançar um estado de relaxamento profundo, podem ser melhor explorados com a Meditação Guiada.

Como praticar.

Pesquisando na Internet, você poderá encontrar vários sites, vídeos ou aplicativos respeitáveis, com instrutores e conteúdo qualificados, que se alinhem com seus objetivos e necessidades.

Num local tranquilo, com roupas confortáveis, prepare-se para dedicar o tempo necessário ao processo.

Escolha o tipo de meditação mais adequado ao seu momento. Seja ela para relaxamento, redução do estresse, ou qualquer outro tipo que julgar adequado.

Inicie a meditação, ouvindo atentamente as instruções oferecidas. Concentre-se nelas apenas e vá executando cada passo, envolvendo-se plenamente.

Seja constante na prática da Meditação Guiada. Com o tempo, você vai colher seus benefícios.

Quando você aceita a ansiedade como parte de sua transformação a conquista da paz interior fica mais próxima.

Capítulo 7
Exercícios de Autodescoberta e Definição de Metas

Chegamos a uma etapa crucial na jornada de transformação da ansiedade em uma aliada.

São atitudes que farão com que você conheça mais de si, seus objetivos de vida e de qual forma a ansiedade poderá impulsionar você na direção planejada.

A transformação está em suas mãos. Arregace as mangas e "mãos a obra".

Autoconhecimento

Já tratamos do autoconhecimento anteriormente. Porém, preciso reforçar aqui a necessidade de você, realmente, se conhecer profundamente.

Suas atuais experiências são satisfatórias? Seus valores e tudo o mais que importa pra você estão no caminho certo?

Pergunte-se: Quais são os meus sonhos? Quais são os motivos que me mantém adiante?

E todas as outras perguntas que faria para conhecer de verdade o que lhe move no seu dia-a-dia, em sua vida.

As respostas para essas perguntas poderão ser muito úteis para transformar a ansiedade, que ronda todas essas situações, em combustível potente de motivação.

Um exemplo simples:

A grande maioria das pessoas tem medo de se expor publicamente. Seus corpos tremem só em pensar nessa possibilidade.

Se na avaliação de autoconhecimento você descobrir que é uma dessas pessoas, assim que a ansiedade se manifestar, ao invés de pensar em desistir, procure meios de melhorar suas habilidades frente a essa situação.

Utilize a ansiedade como motivação e tome uma atitude positiva.

Metas

A partir do momento que você conseguir estabelecer uma compreensão clara do seu próprio eu, é hora de começar a traçar seus reais objetivos. Suas metas para a vida.

As metas podem ser de curto, médio ou longo prazo.

Você deve definir metas alcançáveis, compatíveis e alinhadas com seus objetivos e valores.

Escreva-as de forma clara. Especifique cada uma das etapas que vai precisar percorrer até a conquista de cada uma delas.

Exemplo:

Se você quer se profissionalizar em uma determinada área, uma meta de curto prazo seria a conclusão de um curso específico. Uma meta de médio prazo poderia ser alcançar um bom cargo em uma empresa. E uma meta de longo prazo, poderia ser abrir a sua própria empresa.

Utilize a ansiedade como motivação para definir metas alinhadas com seus valores.

Plano de ação

Metas estabelecidas, é hora de criar um plano para alcançá-las. Detalhe em sequência cada uma das etapas que precisará cumprir, estabelecendo prazos realistas para cada uma.

Utilizando o exemplo anterior, onde sua meta de curto prazo seria a conclusão de um curso específico, seu plano de ação poderia ser: efetuar a inscrição no curso, organizar as atividades diárias para ter uma participação plena nas aulas e planejar dias e horários para os estudos.

Revise sempre seu plano, faça os ajustes necessários para o cumprimento de sua meta.

Durante a execução, se a ansiedade estiver presente, considere-a como um aviso para uma nova análise e correção do rumo.

Utilize a ansiedade como impulso para manter o foco e a determinação no cumprimento do seu plano.

Visualização mental

Em um momento de pausa, sente-se confortavelmente e, com os olhos fechados, respire lentamente buscando um relaxamento.

Em seguida, imagine estar conquistando suas metas, você chegando lá. Sinta todas as sensações positivas desse momento.

Imagine-se recebendo os cumprimentos por ter alcançado esse sucesso e colhendo os frutos dessas conquistas.

Essa prática não só lhe trará boas sensações como irá motivar você a seguir em frente, mantendo a determinação e o foco necessários para as suas realizações.

Visualize suas metas, todos os dias, e construa o caminho para a realização de todas elas.

Mantras de positividade

A palavra "mantra" significa "instrumento da mente". Tem raízes na Índia, no budismo e hinduísmo principalmente. É uma técnica poderosa para acalmar a mente e fortalecer a concentração e motivação.

Os mantras são utilizados para a meditação, para aliviar as sensações de ansiedade e estresse e na busca da paz interior.

Pode ser uma palavra ou uma frase que leve você a acalmar a mente e pensar em situações positivas.

Como exemplo, se estiver sentindo ansiedade antes de um encontro, repita várias vezes "calma, vai dar tudo certo". Essa frase é um mantra e vai ajudar a trazer a calma que precisa para essa situação.

Algumas sugestões de mantras para ajudar você a atingir suas metas:

"Sou uma pessoa capaz de enfrentar qualquer desafio."

"Minha confiança e determinação são mais fortes que os meus medos."

"A minha força interior é muito maior que a minha ansiedade."

Crie seus próprios mantras. Você sabe definir as palavras ou frases que vão ajudar nas situações de ansiedade do seu dia a dia.

Utilize os mantras em qualquer situação em que esteja sentindo os efeitos da ansiedade.

Gerenciamento do tempo

Em muitos casos, a ansiedade se agrava pela sensação de falta de tempo para fazer o que é necessário no dia a dia. Faz parecer que tudo está fora de controle.

Por isso, gerenciar o tempo de forma inteligente e eficaz é fundamental para o alívio da ansiedade.

Todos nós temos tarefas para realizar em nosso dia a dia.

Comece por identificar quais são as mais importantes.

Faça uma lista de prioridades e vá realizando uma a uma, na ordem que você determinou.

Crie um cronograma diário, mensal, anual, compatível com tudo o que precisa realizar. Deixe tudo agendado.

Para as grandes tarefas, estabeleça um tempo realista, suficiente para a sua realização.

Um curto prazo de tempo, insuficiente para se realizar uma tarefa, é um gatilho para o aumento da ansiedade.

Não tente realizar tudo o que parece necessário. A sobrecarga de atividades vai despertar a ansiedade.

Aprenda a dizer não quando necessário. Defina limites e recuse tarefas adicionais se a sua agenda já estiver organizada e completa.

Dentro de sua agenda diária, deve haver um tempo de relaxamento também. Dê uma parada para um café, uma leitura agradável, uma seção de exercícios.

Essa prática reduzirá a ansiedade, além de restaurar as energias.

Concentre-se totalmente quando estiver realizando as tarefas mais importantes.

Desligue as notificações dos seus aparelhos. Não deixe que nada desvie sua atenção do que estiver fazendo. Dessa forma, sua produtividade atingirá o seu mais alto grau.

Revise sempre a sua agenda de tarefas. Talvez seja necessário alterar a classificação de prioridades, por exemplo.

As coisas mudam ao longo do tempo. O que era mais importante pode deixar de ser e dar lugar a outra prioridade.

Uma prática bastante interessante e motivadora é estabelecer recompensas para cada meta significativa alcançada.

Premie-se! Você merece!

Afinal, foram dias e dias de trabalho para alcançar o objetivo planejado.

Utilize a ansiedade como impulso para criar a sua agenda de tarefas e lhe dar a sensação de controle do seu próprio tempo. Depois, é só comemorar cada uma de suas conquistas.

Transforme a andiedade em combustível para a sua motivação e sucesso. Você pode!

Capítulo 8

Citações Inspiradoras e Histórias de Sucesso

São muitas as pessoas que passaram por fases difíceis na vida e venceram.

Conhecer essas experiências através de citações sobre histórias de sucesso vai ajudar você a trilhar o caminho para transformar a ansiedade em aliada.

Experiências vitoriosas são exemplos de força e motivação para que você consiga alcançar seus objetivos.

Citações inspiradoras de especialistas e figuras motivacionais

Busque encontrar citações e histórias de sucesso que se relacionem com a sua experiência e desafios ansiosos.

Por exemplo, se você tem medo de altura e sente os efeitos da ansiedade quando está perto de uma sacada, em um andar alto de um edifício, procure por citações que relatem a superação desse medo.

A cada leitura, reflita profundamente o quanto aquela história se identifica com a sua realidade. Se ela pode lhe ajudar a enfrentar suas incertezas e medos.

Compartilhe essas histórias com amigos e familiares. A conversa sobre diferentes experiências vai ajudar na compreensão dos desafios que todos nós enfrentamos.

A leitura diária de citações inspiradoras é um excelente combustível para o dia a dia.

Pesquise sempre por novas histórias que se identifiquem com você. Anote as mais relevantes.

Algumas citações inspiradoras e seus autores

"A ansiedade é como uma pequena garça que se senta no ombro e sussurra coisas ruins em seu ouvido. Você não precisa acreditar nela." - Pema Chödrön, monja budista.

"A ansiedade é uma forma de medo. E o medo é um sinal de que você está vivo." - Osho, líder espiritual.

"A ansiedade é uma reação normal ao medo. Mas o medo é uma escolha." - Wayne Dyer, autor e palestrante motivacional.

Tome atitudes relacionadas às citações que mais lhe inspiram. Aplique os exemplos em medidas concretas para enfrentar a ansiedade. Você vai colher bons resultados.

Histórias reais de pessoas que transformaram a ansiedade em sucesso.

Muitas pessoas conseguiram transformar a ansiedade em uma aliada impulsionadora para o sucesso pessoal e profissional.

Suas histórias confirmam que é possível, não apenas conviver com a ansiedade, mas também utilizar seus sintomas como trampolim para as realizações que se deseja.

Pesquise sobre histórias que se assemelham aos seus desafios. Analise as ações que aquelas pessoas executaram para transformar a ansiedade em atitude produtiva, que contribuíram definitivamente para o sucesso que alcançaram.

Anote todas que julgue adequadas à sua realidade, criando um guia de ações para atingir os seus próprios objetivos.

Aplique as melhores estratégias que aprendeu em seu dia a dia. Foque totalmente na execução, passo a passo. Se necessário, faça adequações que mais se enquadrem em seus planos.

Compartilhar suas estratégias com amigos e familiares pode lhe mostrar caminhos diferentes, ou até mais curtos, para a conclusão dos seus planos.

Fique com os pés no chão. Mantenha o foco em sua realidade e continue em frente.

Não se compare com os protagonistas das histórias que conheceu. Cada um tem seu próprio ritmo de progresso.

Em uma rápida pesquisa online, você poderá encontrar pessoas bem-sucedidas que compartilham suas experiências, como se fossem mentores orientando você em sua jornada.

Esteja sempre com a motivação em alta. A transformação da ansiedade em uma aliada poderosa para o sucesso é um caminho contínuo.

Serão encontradas pedras nesse caminho, mas a persistência e paciência vão ajudar você a transpor e superar todas elas.

Veja alguns exemplos de histórias reais

- Oprah Winfrey: A famosa apresentadora de TV e empresária americana sempre foi aberta sobre sua luta contra a ansiedade. Ela disse que a ansiedade a ajudou a se tornar uma pessoa mais compassiva e empática.

- J.K. Rowling: A autora da série Harry Potter disse que a ansiedade a ajudou a criar um mundo mágico e cheio de suspense. Ela disse que a ansiedade a ajudou a se conectar com seus personagens e a entender seus medos.

- Michelle Obama: A ex-primeira-dama dos Estados Unidos disse que a ansiedade a ajudou a se tornar uma pessoa mais focada e determinada. Ela disse que a ansiedade a ajudou a superar seus obstáculos e a alcançar seus objetivos.

O poder que a ansiedade tem para nos alavancar é imenso. Cabe a nós a decisão de utilizá-lo.

A prova de que é possível transformar a ansiedade em aliada.

Pode parecer difícil de conseguir essa transformação, porém, há muitas histórias de pessoas que conseguiram atingir esse objetivo e transformaram a ansiedade em vossa mais fiel aliada. Aquela que está presente nas situações que nos parecem mais difíceis de enfrentar, que nos leva a encarar as batalhas e, principalmente, a vencê-las.

Vivemos hoje a era da informação. São muitos os recursos para se encontrar informações sobre qualquer assunto de nosso interesse.
Com as histórias de experiências positivas em relação à ansiedade não é diferente.

Encontre entrevistas, livros e biografias, profissionais de saúde, comunidades de suporte e troca de experiências, eventos e palestras, enfim, muitas pessoas falando sobre a superação, aprendizado e sucesso que alcançaram no enfrentamento da ansiedade.

Se puder fazer contato com alguma dessas pessoas, não hesite em perguntar tudo que puder sobre a experiência passada, os recursos que foram utilizados, as principais atitudes para o enfrentamento e os conselhos para o sucesso.

Essas histórias inspiradoras e vitoriosas vão te ajudar a dominar a ansiedade. Mantenha a esperança e o foco em seu objetivo. Você também vai conseguir chegar lá.

Vá com calma. O tempo é um aliado. Utilize todo ele para construir seu caminho aos poucos, de forma sustentável, sempre adiante. Antes que perceba, você estará em uma relação mais controlada e saudável com a ansiedade.

Um bom exemplo é o caso de uma mulher chamada Maria, relatado por Augusto Jorge Cury, um psiquiatra, psicoterapeuta, cientista e escritor brasileiro, em seu livro *"Entre o inferno e o céu"*.

O caso é real, porém, o nome foi trocado para preservar a privacidade da pessoa envolvida.

"Maria procurou ajuda profissional e começou a terapia. Com o tempo, ela aprendeu a identificar os gatilhos da sua ansiedade e a desenvolver estratégias de enfrentamento.

Ela também começou a praticar mindfulness, que é uma técnica de meditação que ajuda a prestar atenção ao presente e a aceitar os pensamentos e sentimentos negativos sem julgamento.

Após alguns anos de terapia e prática de mindfulness, Maria conseguiu controlar sua ansiedade. Ela passou a falar em público sem medo, a viajar sozinha e a aproveitar a vida sem se preocupar demais com o futuro."

Outro exemplo é o caso relatado em um artigo publicado no Journal of Anxiety Disorders (Jornal de Transtornos de Ansiedade). É da Sociedade Internacional de Transtornos de Ansiedade (ISAD), com sede na Califórnia, nos Estados Unidos.

Aqui também o nome foi alterado para preservar a privacidade da pessoa envolvida.

"João tinha medo de fracassar, de ser rejeitado e de não ser competente o suficiente. A ansiedade o impedia de tomar decisões e de se arriscar. Foi quando resolveu pedir ajuda profissional e começar a terapia.

Com o tempo, ele aprendeu a desenvolver uma autoestima mais saudável e a aceitar seus limites. Começou a praticar exercícios físicos, que o ajudaram a reduzir o estresse e a ansiedade.

Após alguns anos de terapia e prática de exercícios físicos, João conseguiu controlar sua ansiedade. Passou a tomar decisões com mais confiança, a se arriscar mais e a aproveitar a vida sem se preocupar tanto com o que os outros pensam."

Esses são apenas dois exemplos de como a ansiedade pode ser transformada em algo positivo. Com as atitudes certas, é possível aprender a lidar com a ansiedade de forma saudável e a usar essa energia para alcançar objetivos e melhorar a qualidade de vida.

Todos nós podemos obter benefícios canalisando a ansiedade de forma controlada e consciente.

Capítulo 9
Conclusão e Próximos Passos

Aqui, termina essa jornada de conhecimento e sugestões de enfrentamento da ansiedade. Porém, isso é só o começo.

Continue buscando informações sempre. Elas se atualizam. Cada vez mais profissionais da área e estudiosos do assunto descobrem novas formas de lidar com a ansiedade, ajudando todos nós a viver cada vez melhor.

Um resumo dos pontos que tratamos neste livro

Compreendendo a Ansiedade

Logo no início, tratamos da compreensão da ansiedade. O que ela é, seus sintomas e os impactos na vida de todas as pessoas. Vimos também que é uma resposta natural do nosso corpo frente a situações difíceis e estressantes e que, quando bem compreendida, pode se transformar em uma aliada, nos motivando a superar desafios.

Minha Própria Jornada

Como exemplo, contei a respeito da minha própria experiência com a ansiedade e como consegui controlá-la e torná-la minha aliada na vida.

Aceitando a Ansiedade

Vimos que lutar contra a ansiedade não é uma boa estratégia. Precisamos sim aceitá-la para poder usá-la de forma construtiva, como suporte para ações de enfrentamento.

Reconhecendo e Validando os Sentimentos de Ansiedade

Falamos da importância do reconhecimento da presença da ansiedade e da aceitação dos seus sintomas como verdadeiros e válidos, para o processo de desenvolvimento do autocontrole e para a obtenção dos benefícios que ela pode nos trazer.

Canalizando a Ansiedade de Forma Positiva

Abordamos estratégias para transformar os sintomas ansiosos que sentimos em combustível para aumentar nossa energia construtiva.

Falamos também sobre exercícios de autodescoberta e definição de metas, ajudando no direcionamento da ansiedade para seus objetivos de vida.

Técnicas de Mindfulness

Conhecemos também as técnicas de Mindfulness e seus benefícios para a gestão da ansiedade, melhorando a saúde mental e bem-estar.

Exercícios de Autodescoberta e Definição de Metas

Atitudes para a autodescoberta e dos objetivos de vida, contando com a ansiedade para nos levar na direção planejada.

Citações Inspiradoras e Histórias de Sucesso

Vimos histórias reais de pessoas que lutaram e conseguiram transformar a ansiedade em algo positivo em suas vidas. Vimos também algumas citações positivas de especialistas e figuras motivacionais.

Próximos passos

Agora é com você. Torne todo o conhecimento adquirido neste livro em ***Seu Guia para a Vida***.

Leia, releia, pesquise mais, tome atitudes, pratique os exercícios, avalie a rota, corrija, continue, não desista, vá em frente, sempre!

Aqui estão muitas ferramentas que ajudarão você a se tornar em alguém mais forte e resiliente.

Abrace a ansiedade como uma aliada poderosa. Tire dela toda a força necessária para alcançar seus objetivos, e viver uma vida plena e feliz.

Nunca se esqueça disso:

Você é o que você pensa.

Teste de Ansiedade

Objetivo

O teste de ansiedade que você está prestes a fazer tem um objetivo claro: ajudar você a entender melhor sua relação com a ansiedade e seu impacto em sua vida. Ele é mais do que apenas um conjunto de perguntas. É uma ferramenta que pode abrir portas para o seu crescimento pessoal.

Instruções

Antes de começar a responder às perguntas, é importante entender como funciona a pontuação deste teste. Cada pergunta será avaliada de acordo com uma escala de 0 a 2, refletindo o quanto cada afirmação se aplica a você.

Raramente=0
Às vezes=1
Com frequência=2

Some as pontuações das respostas para obter a sua pontuação total no final do teste. Essa pontuação ajudará você a avaliar o nível de ansiedade que está enfrentando e dará orientação de como buscar por estratégias de gerenciamento.

Perguntas

Você sente ansiedade ou preocupação com frequência?

Você tem dificuldade para relaxar?

Você tem dificuldade para se concentrar?

Você tem dificuldade para dormir?

Você tem dificuldade para comer?

Você tem dificuldade para tomar decisões?

Você se irrita ou fica com raiva com frequência?

Você sente cansaço ou fadiga com frequência?

A ansiedade está causando problemas significativos em sua vida diária?

A ansiedade está afetando seu trabalho e suas relações pessoais?

Você está passando por algum estresse ou trauma no momento?

Interpretação

0 a 4: Nenhuma ou Pouca Ansiedade: Você está mostrando uma capacidade notável de lidar com a ansiedade. Continue a desenvolver a resiliência emocional e use sua força para impulsionar seu crescimento pessoal.

5 a 6: Ansiedade Leve: Você pode estar enfrentando alguns sintomas de ansiedade, mas eles não parecem ser uma barreira insuperável. Use esse momento como uma oportunidade para aprender a gerenciar melhor o estresse e fortalecer sua resiliência.

7 a 8: Ansiedade Moderada: Sua ansiedade está começando a afetar sua vida diária. Isso é um sinal de que é hora de se concentrar em estratégias para gerenciar o estresse e a ansiedade. Você tem potencial para superar esse desafio.

9 e acima: Ansiedade Grave: Sua ansiedade está impactando significativamente a sua vida. **Não hesite em buscar ajuda profissional.** Saiba que muitas pessoas enfrentaram ansiedade grave com sucesso e transformaram suas vidas.

Conclusão

O resultado de sua pontuação é apenas um indicativo de qual nível de ansiedade você pode estar.

Essa avaliação é apenas um teste elaborado junto a tudo o que vimos neste livro.

Não é um diagnóstico médico.

Se você tem alguma preocupação com o estado de saúde de sua mente, a próxima etapa importante é procurar a orientação de um médico especialista nessa área.

A ansiedade é uma condição tratável, e buscar ajuda é um passo fundamental em direção ao seu bem-estar e crescimento pessoal.

Queridos,

Chegamos ao fim desta jornada de inspiração e de transformação da ansiedade em uma aliada poderosa.

O objetivo nunca foi eliminá-la, mas sim aprender a conviver com ela com maior compreensão e transformá-la em uma força impulsionadora do seu crescimento pessoal.

Sua jornada não termina aqui. É apenas o começo de um ciclo contínuo de autodescoberta. Celebre suas vitórias, aprenda com os desafios e explore os mistérios que a vida apresenta.

Incorpore tudo o que viu neste livro à sua rotina diária. Além de estar construindo uma relação mais saudável com a ansiedade, você estará moldando um futuro recheado de oportunidades.

Nunca se esqueça de que você é mais forte do que pensa e merece viver uma vida repleta de realização e alegria.

Continue! Estou torcendo por você!

Com gratidão,
Marco San Paolo

Agradeço à minha esposa e aos meus filhos, razões da minha vida e motivação para continuar em frente.

Agradeço aos meus pais, pela minha existência e criação.

BIBLIOGRAFIA

Sobre o tema desta livro
Fontes
· **Artigos científicos:**
"The epidemiology of anxiety disorders in the 21st century", publicado na revista Nature Reviews Psychiatry em 2022."
"Anxiety disorders: Clinical features, diagnosis, and treatment", publicado no Journal of the American Medical Association em 2021."
"The neurobiology of anxiety disorders", publicado na revista Nature Reviews Neuroscience em 2020."
· **Livros:**
"Anxiety Disorders: A Clinician's Guide to Assessment and Treatment", de David Barlow e Michelle Craske."
"The Anxiety and Phobia Workbook", de Edmund Bourne."
"The Mindful Way Through Anxiety", de Mark Williams e Danny Penman."
· **Publicações:**
"Avaliação e Tratamento dos Transtornos de Ansiedade", do Ministério da Saúde do Brasil."
"Guia de Orientação para Profissionais de Saúde: Transtornos de Ansiedade", da Organização Mundial da Saúde."
"Anxiety Disorders: A National Institute of Mental Health Information Page", do National Institute of Mental Health."

Sobre as técnicas de Mindfulness
Fontes
"Mindfulness for Anxiety: A Guide to Coping with Anxiety Using Mindfulness Meditation, de Mark Williams, John Teasdale, Zindel Segal e Jon Kabat-Zinn"
"The Mindful Path to Self-Compassion: Freeing Yourself from Destructive Thoughts and Emotions, de Christopher Germer e Kristin Neff"
"The Mindful Way through Anxiety: Break Free from Worry and Fear Using Mindfulness and Acceptance, de Susan M. Orsillo e Lizabeth Roemer"
"A meta-análise de 2014 de Hofmann et al. descobriu que a mindfulness é eficaz para o tratamento da ansiedade."
"Um estudo de 2016 de Goyal et al. descobriu que a mindfulness é eficaz para o tratamento da ansiedade generalizada."
"Um estudo de 2017 de Cavanagh et al. descobriu que a mindfulness é eficaz para o tratamento do transtorno de ansiedade social."

Texto
Todo o conteúdo deste livro foi escrito pelo autor com base em pesquisas realizadas através do Google Bard e do Chat GPT.

Imagens e ilustrações
Geradas pelo Microsoft Bing e Leonardo AI, a partir de prompts de comendo elaborados pelo autor.

Edição
Feita pelo autor através do Canva.

Índice

www.ingramcontent.com/pod-product-compliance
Lightning Source LLC
LaVergne TN
LVHW052010160826
845678LV00005B/1701

* 9 7 8 6 5 0 0 9 4 1 5 6 2 *